JN411186

바다를 모르는 사람과 바다에 갔다

신효순 시집

시인동네 시인선 073

신효순 시집

바다를 모르는 사람과 바다에 갔다

시인동네

시인의 말

강릉 초당 높은 내 방
해 지는 저녁

달은 구름 등을 밀고
구름은 달을 가려 주네
달과 구름은 그렇게 가네

나 대신 잠든 내 방에
사랑도 원망도 시도 두고
해무 자욱한 당신에게 가는 길
나는
호젓하게 바다로 가네

2017년 봄
신효순

차례

제2부

제1부

관상

긴 시는 밝은 날 해에게 꺼내주고

짧은 시는 석양 예쁜 마을에 가 붉어진 개울에나 보여주어야지

오래된 종이 한 장도
비장하게 나무의 결을 지우는 중인데

말에는 서러운 마음이 아직 덕지덕지 붙어 있다

울다 보면 문득
머리만 커진 다섯 살 애가
첫 기억의 문지방을 넘고 있다

돌아보는 눈가에 핏발이 하나,
사납게 뻗는다

세상에 없는 방

세상에 없는 말을 해주세요
그럼 나는 둥글어져서
겁먹은 자벌레처럼 꼼짝하지 않을 거예요

어느 날 새벽에는 아스팔트 위로 내려온
고라니를 만났죠
자욱한 안개를 물고 떠밀려와 있었어요
눈이 마주치자 겁을 먹고 도망치더군요
막다른 인도 위에서 우왕좌왕하는 당신 같았죠

우리가 그렇죠
당신을 핥다 지친 나와
고개 숙인 채 앞발로 땅만 파다 돌아가는 당신

내게 오는 길은 고라니가
그 새벽에 밟아 내려왔던 길과 같았겠죠
왔던 길이 어디인지
아스팔트 위로 뛰어들지도

산으로 돌아가지도 못하는 고라니였죠
아픈 고라니였죠

세상에 없는 말을 해주세요
그럼 나는 아주 둥글어져서
세상에는 없는 방에 들어가
길 잃은 고라니처럼
숨 가쁜,
사랑을 줄게요
영영 없는 길 내려올 때는
잊고 또 잊고 잊으면서 오세요
당신 발을 핥는 고라니 한 마리
숨 가쁜 사랑을 줄게요

채석장 부근에서 귀를 열고

채석장 가까이에서
긴 돌 때리는 소리를 들었다

부딪칠 때마다 돌은
말 대신 부서진 파편을 쏟아냈다
어린 날 부서졌던 입속의 검은 이처럼
무너지고 상실된 소리였다
그러나 곧 새 이가 생겨났듯이 소리는
멀리 멀리 갔다
갔다가는 다시 돌아왔다
깎여진 살들만큼
거리가 멀어진 사람이 있었다

나는 부서진 돌들의 모양을 상상해보았다
깊게 파인 돌과
모난 돌이
무게를 잊은 채 뒤엉겨 있는 상상

>

조각날수록 소리는 더 멀리 갔다
갔다가 다시 돌아오기를 반복했다
가까이에서는 찾을 수 없다는 듯이
더 많은 파편을 쏟아냈다

채석장 부근에서
맑은 하늘이 우는 소리를 들었다
울 때마다 지평선은 파르르 떨었다

개울가 옻나무 한 그루

개울물이 맑아서
산에는 옻나무
벙글다가

사람이라도 마주하면
그게 그렇게 좋은가
헤벌쭉 잎을 내놓고 있다가

살갗 스치는 자리마다
까무룩 살들이 놀라는 걸 보고
주변을 휘휘 쳤다가도

너와 거리는 꼭 이만큼
긴장이 자라는 일이라서
언제나 몸에는 옻나무 살갗처럼
사랑이 돋았다

가려울 때는 그저

개울 가까이 순하게 몸을 담그고
다시 몸을 채우던 긴장으로나마
독하게 흐르던 진물로나마
함부로 줄 수도 없는 불구의 마음을 닫고

독을 내보내는 일

귤 알의 맛

창을 매섭게 흔드는 저녁이 있습니다
이런 날에는 바람을 몰고 지나가는 사람이 있는 것 같습니다

할머니는 누운 자리에서 일어나
귤 하나를 가져오라고 하셨습니다

체한 속에는 귤 하나면 시원해진다면서
귤을 까셨습니다

귤 알 하나는 내 입속에 넣어주셨습니다
달고 시고 말랑한 것이 씹혔습니다
시원하다는 말뜻은 달고 시고 말랑하다였습니다

할머니는 그렇게 가끔 귤을 찾으셨습니다

오래 어떤 사람을 생각하는 것이
달고 시고 말랑한 것이 되었을 때

입에 귤 알 하나 넣어주고 싶은 저녁이 올 때

체한 듯 누운 자리에서 일어나
창을 깨우고 지나가는 매서운 바람을 들었습니다

할아버지가 어떤 날에 떠나버리셨는지
귤을 까먹으며 알았습니다

호수

하늘이 쏟아낸 물에 호수가 살쪄 있다
불은 몸을 일으켜
누런 얼굴 들어
막 구름 걷힌 하늘을 올려다본다
곁에서 잔물결이 밀려난다

숨이 차는지
머리 흔들어보는 갈대들
목까지 찬 물 위로 표정이 일그러져 있다
물속에서는 배부른 돌들이
소리를 지르는지 물가에 거품이 인다

원망 없이
며칠 몸 풀고 나면
살들은 투명하게 떠나가고
새는 다시 날아들고
하구에서는 숭어가 튀어 오른다

원망도 없이
물먹은 호수

흐린 구름
멀리 도망가는데
유유히 손 흔드는 그런 하늘

돼지새

하굣길의 하늘은 낮았고
공기는 메말라 있었고
집은 언제나 멀리 있었다

산속에서는 새들이 몸을 숨기고 울고 있었다

그 울음 끝에 집이 있었다

뒤를 쫓아온 것은 돼지새였다
돼지새는 무서웠다
돼지처럼 울었다
울다가 사라지고
사라졌다가는 가까이 왔다

울음을 듣다 보면
집은 더 아득해졌다

집이 보일 때까지

돼지새는 나타나지 않고 울었다
산을 다 오르고 나서
산 하나가 돼지새처럼 보였다

공기가 마르면 옆구리가 따끔거렸다
돼지새는 숨어버렸지만
눈앞에서는 길이 두려움에 떨고 있었다

새

네 방 창밖에
그림자도 없이
나뭇가지 흔들리면
내가 다녀갔나 생각해봐

떨어진 눈썹을 떼며
고운 뺨을 부비며
이마 훤히 여는
이쁜, 네 얼굴
보고 가려고
밤새
무거운 머리 뉘였다 갔나 생각해봐

춘설

눈이 내리면 겨울은 덮여지고

눈이 녹으면 겨울은 잊히고

잠시 다녀간 흰 웃음
해 뜨면 사라지고
사라지면 자라는 묵은 마음 같은 거

그 위에 아직 뜨거운 이마 하나 얹고
견디어 보는 춘설

중심

단 한 번도 흩어진 적 없다

눈은 내려
펄펄 쌓이고
허리까지 차 내린 눈 가마득한 산골
어린 손잡고 면내 가는 길
한 마리 노루가 길을 잃었다

눈은 내려
바람은 적요한데
아버지 발자국 따라 어린 노루 비명
아득하게 눈 속을 관통해 갔다

하얀 심장이 쌓여서
아버지 이마 위 새치처럼 히끗 번지고
겨운 입김 서로의 체온을 밀어내며
두 사람이 옮겨지고 있었다

단 한 번도 흩어진 적 없는 중심이 있었으니

심장을 관류하는 그날의 눈처럼 나의 희디흰 맥은
그로부터 시작되었다

가을별

우리는 팔베개를 하고 마루에 누워서, 까맣게 탄
밤하늘에 달린 별을 하나씩 까먹으며
어둠을 밝혀가며
깊은 밤을 보내었다
달은 이마 위를 조심스레 걸어가고
풀벌레는 마당을 밟으며 가고
알전구 가까이 모인
때늦은 모기떼를 희미하게 바라보며
별들을 까먹었다
어느새 밤별은 눈을 감고
너도 잠들고
홀로 어둠 속에서
네 팔 속을 걸어가는 맥박을 듣게 되었다
우리의 가깝고 먼 미래처럼
맥박은 뒤뚱거렸다
눈을 떠
까먹은 별들을 도로 꺼내놓으며
기울어 가는 어둠에 손을 넣어

휘저어 보며
시작도 끝도 없는 칠흑 속에서
다가올 이별의 이름을 가을별이라고 불러보았다
맥박은 잠잠해지고
별들은 고요해지고
우리는 새벽으로 저물어 갔다
하얗게 취해서 이별이 오듯이
슬픈 닭은 오랫동안 울어주었다

개울

물을 토해내지 않고는 못 배기겠다는 듯이
개울은 물을 꺼내놓는다

어느 강변에 다다라서야 마음을 주겠다는 듯이
물살은 매섭다

나도 곁에 가
앉아
물을 꺼내본다
토해낸다
내 물살도 어느 강변에 다다라서
끝을 보겠다는 듯이
물살은 휘어지고
튀어 올라
맹렬하다

그래야만 살겠다는 듯이
개울은 물을 토해낸다

속을 뒤집어본다
투명하게 속절없이
꺼내 보인다

멀리 간 강물 마음이 오래 아픈 것도 다 이유가 있다

실종

잃어버린 것을 찾으려고
들어간 꿈에
보여야 할 것은 없었어요

거기에는
개를 좋아하는 어떤 사람이
자신의 개를 죽이고
목줄은 피투성이,

표정이 어땠는지 기억나지 않아요
검은 개를 안고 떨고 있어요
내가

검은 개를 어디로 끌고 다녔었는지
사방은 피투성이,
주인의 얼굴이 기억나지 않아요
나는 울고 있어요
내가 죽이지 않았는데

미안해하면서
검은 개에게 말하고 있어요
이건 꿈이죠
그때 알았어요
이 꿈보다 더 오래된 어떤 사람이
잃어버린 것을 찾으려고 꿈에 들어갔어요
보여야 할 것은 보이지 않아요
검은 개가 나를 안고 울고 있어요
미안해 미안해하면서 잃어버린 것을 찾으려고 꿈에 들어왔대요

깨어난 뒤에
다시 꿈을 꾸고
검은 개를 잃고
그제야 나는 아주 중요한 것을 스스로 잃어버렸다는 것을 알았대요

위험, 도로 끝

막다른 동네 허름한 슈퍼 앞
더 이상 없는 길
위험, 도로 끝

덩그러니 터만 남은
기차역 부근 철조망 앞
위험, 도로 끝

바보처럼 웃어주던
단골 술집 앞 골목 귀퉁이 팻말
조심, 여기가 마지막 도로

내달릴 줄만 알던 내 마음도
여기서 위험, 도로 끝

열두 무덤을 지나

바다가 파도를 밀어내듯

숨죽은 모래알들 파도에 귀를 대고 보름을 본다

네가 딱 두 근의 양만큼 내 몸에 생겨났을 때도 몸은 가벼워지고 가벼워질수록 머리는 묵직해졌다

한때 여자는 돌을 부수어 알갱이를 만들고 사내는 열렬히 모래알들을 세었는데 벌거벗은 몸으로 모래알을 세던 사내는 반짝거리며 여자의 무덤이 되었다

살점들이 뚝뚝 떨어져 나갈 때도 울지는 않았으나 끝끝내 세어져 붉어지는 살갗들을 부끄러워하면서

열두 보름달이 몸에서 빠져나간 후

맥은 두꺼워졌고
쏟아져 나온 血처럼 알갱이들은 헐떡거렸다

하장

하장에 가면
그대 쓸쓸히 지우고
어느 뚝한 사내의 아내가 되어
아이를 배고 싶다

저수지 반짝이는 물 아래로
몸을 던져
뭇 마을의 전설로나
살아가고 싶다

하장에 가면
저수지 물결 위에 지는 산그늘
투명한 날파리 떼들
길 위에 망설인 발자국들
모두 부서지고

밥 냄새를 풍기며
음한 계집이나 되어

머리 풀어 헤친
긴 길 위에
하장
하장
하장
누워야겠다

안부

촌락에는
오랜 겨울, 이른 동이 트고
늦게 온 마른 햇빛
아침에 앉아 있다

언 물 위에
종잇장을 펴보니
목이 짧은 새 발자국 찍으며 날아오르고
잔바람 그 위를 쓸며 간다

먼 데서 오는 생각 하나가
하얀 종이를 찢으며
쩍,
쩌 억
숨을 크게 내쉰다

날선 머리를 깨는 빗장뼈
생은 뚜렷이

여기 있다고
소리치는 찬 소리

오후 두 시의 고향 나들이

전신주를 따라
시골길을 걷습니다

다소곳 날개 접은 황새
소나무 끝자락 사뿐
새색시처럼 섰구요

봉긋 솟은 노오란 민들레 논두렁에 앉아
금빛으로 반깁니다

스치는 풀잎들이
발목 아래 생채기를 그려놓구요

물큼한 논물 냄새 가만히 따라
산등성이 학교 넘어가던
그 고갯마루에
다 큰 발자취로 올랐습니다

산머리 해 쨍쨍한데
등굣길 아침 자욱한 어린 안개가
손에 잡히는 듯

이제 나는
구만리 같던 저 길도
한 뼘으로 모아지는 큰 사람이 되었습니다

빈 배

태어나는 길은 물길처럼 생겼다 사라지는 길

배는 길 위에 떠서 걸어가네
물 위를 가듯 걸어가네

길에 던져진 배
떠가네

물소리를 가르며
비어가네

배들은 서로 몸을 밀며
텅 텅 부딪치고
소리들은 허공을 돌다
빈 곳에 가라앉는다

기척 없이 등을 미는 바람
노인처럼 앉았다 가네

>

물그림자 배를 들어 올려
흔들어보니, 배 안에 남은 물소리
몸통을 묽게 채우고 있네

봄을 할퀴다

벚나무에 혈이 돌 때
가장 먼저 할 일은
손톱들을 깎아 주는 것
그래야 봄은 다치지 않고 와
급히 몸을 내민 몽우리들이
봄빛 하늘을 할퀴기 전에

얼굴이 붉어진 소녀애가
자주 아프기 시작할 때
가장 먼저 할 일은
소름이 바짝 서지 않도록
제 살들을 몸 안에 저며 두는 것
그래야 사랑 안에서 사랑을 잊게 돼

벚나무 얼굴이 피면
그 아래 가서 조용히 서봐
소리 들어봐
잘 깎인 손톱을 쭉 펴면서 환하게, 눈물

한 잎 두 잎 보내는 소리
몸이 가려운 말

만월

아랫배 싸한 입김으로
가득
달을 채운다

삼백 년 전 허술했을 달거리를 어루만지며
또한,
밤을 지새울
삼백 년 후 오늘
할머니의 할머니의 할머니를 품으며

아랫목에 입김을 뉘이고

뒤척인 새벽을 동백에 물들이며
붉은
만월이 진다

벌초

매미 울음이 멀어지면서
여름은 또 끝이 나고 있네
곧 땅이 얼고
산도 얼굴을 접고
나무는 잠이 들겠지
풀들은 꿈을 꾸겠지

큰 귀를 어디에 대고 있는가
무슨 소리를 듣고 누워 잠자나

멀리서 날아오던 새 소나무 가지 위로 사라지고
당신보다 오래된 마음은
풀밭에 누워 일어날 줄 모르네

매미

어느 눈먼 사랑이 온다면
한여름 모질게 들고 나는
매미 울음 같아야 한다

두 매미가 등과 배를 포개고
신열이 나도록
울 때에는
길 지나던 이별이 눈뜨고
후 불면 제멋대로 방향 잃는 옛날 마음도
제 몸 어디에나 가 디디기도 하느니

나무껍데기나 붙잡고 우는 사연
모르지 않아도
뜨거운 여름이 식으면
남들은 어쩌라고 저리도 열심인가

더는 오갈 데 없는 울음도
가을을 만나면

쩌렁쩌렁했던 몸
내던지고 돌아서야 하겠지만

사랑을 하면,
한여름 열기만큼은 아니어도
한철 절절한 마음에 가 부딪는
벌거숭이 울음 같아야,
제 직성대로 싸지르는 매미 울음 같아야

여름내 굳어진
살 벗는 나무들
그 귓전에 도는 맴맴 소리

그대 부디 오작교를 건너요

그대여 부디 오작교를 건너요
내게 와요

강물처럼 흘러가지 말고
갈대처럼 눕지 말고
발에 채이듯 돌 같은 날들
다아 버리고
물 고이거든
꺾이지 않고 기다려서 그대여,
부디 오작교를 건너요
건너서 내게, 내게 와요

머리맡에 쏟아 논 말들을
별들이 기억해요 새벽 새는 기억해요
그대가 숨 참으며 걸어온 길
밤하늘에 반짝이게 될 거예요

땅 아래 손짓하는 아득한 인연

다아 버리고
은빛 물결이 되어
꿈길 걸어가도

그대여 우리들의 오작교가 사라지기 전에

흰 밥

곁에 집을 얻어 오래 살갑던 사람이
먼 곳으로 이사한 첫날밤에
수화기 저편에서 물기 섞인 목소리를 보내왔습니다

엄마 없는 아이처럼
도시로 갓 상경한 소년처럼
목소리는 소매에 물기를 닦아냅니다

나는 입을 꼭 다물고 숨소리를 보냅니다
입김이 수화기에 몽글몽글 맺힐 때까지
밤이 하얗게 꽃필 때까지

멀고 긴 전선을 타고 구불구불 숨은 흘러갑니다

마른기침이 한번 들린 후
잠이 듭니다
꿈에는 한번 다녀온 길을 따라
갔던 길을 돌아오고 왔던 길을 다시 짚어갑니다

깨어보니 뒤꿈치 하얗게 덧살이 앉고
모로 누운 듯 오랫동안 한쪽 이마가 저렸습니다

어떤 저녁마다 몸 안에 물기가 차면
부엌에 가 숟가락을 고르며
그릇들 부딪는 소리도 듣다가
흰 밥을 그릇에 담아 먹기 시작합니다
조용히 먹기 시작합니다

간격

비와 비 사이
두 사람이 내릴 때
얼마나 가까우면 저리 마음을 울릴 수 있나

사람과 사람이
얼마나 가까우면 부딪는 살결마다
소름이 바짝 일어나서
상극처럼 살들을 밀어내나

이제 흐린 하늘에서는 간격이 내린다
보폭 다른 두 걸음이
엉키지 않도록 하늘에서 간격이 내린다

닿을 수 없는 발은
앞을 향해 단단히 폭을 여미고
후두둑거리다 계절은 그쳐

그친 자리에

홀로 낙하하는 간격을 붙잡는 누구
끝 모르는 긴 자로 이제야 비를 재고 있나

물색없는 마음이
또 때를 기다려
한 걸음 자리를 내는 일로 계절을 맞고 있나

황우산(黃牛山)*

낙동강 맑은 귀 동쪽 끝
뿔 차고 흐르는 산이 있다

해마다 돌아눕는 소 허리 참에
서늘한 아침이
치열한 투우(鬪牛)처럼 온다

몇백 년 더불어
온몸을 내어놓는 소

소는 밭이 되고
농부가 되고
다시 산이 된다

붉은 해 서산에 걸고
뿔 그림자 마을에 내리는 동안
순한 걸음 뒤에 굳건해지는 푸른 발굽

>

비옥한 땅 내어놓으며 돌아눕는 소 한 마리 있다

---

*경북 봉화군 명호면에 자리한 산.

장마 1

1

거미를 죽인 날에는
내내 손이 물컹하다

그런 날 꿈엔
영락없이
내가 거미를 잡아먹는다

깨어나 보면
발 달린 그분
꿉꿉한 천장을 기어가고 있다

2

술상 아래로
손톱 반달만 한 벌레 지나간다

술에 취해

좀 더 먼 쪽으로 옮겨준다는 게
반달만큼 힘이 더 들었나 보다
미동이 없다

술 엎은 듯
앉은 자리가 축축해진다

장마 2

그대 내게 오는 길은 장마가 오는 길이겠다

그대 먼 곳에서 땅을 적시며 올 때에는
어깨 움츠린 우산 속에 말간 얼굴 하나 있겠다

발끝 고이는 빗물을 걸음마다 털어내며
집 문 앞에 다다라
머리 위 젖은 지금일랑 무심히 접고
남은 비마저 접어

젖은 그대, 몸을 기대오면 좋겠다
한껏 차가워진 손 부풀어 뜨거운 손 식혀주면

나를 위해 그대는 조금 외롭고
무거워진 그대를 위해 우리는 계절이 되어
그대 오는 길은 장마가 되어

긴 비를 반씩 나누고

우리 몸은 땅에 스민 채로,
무거워진 장맛비처럼 내게 와주면
내 안에 머물면 좋겠다

보물상자

밤하늘 열고
들어가서
다락문 열고
별 하나 꺼내오고
다락문 닫고
밤하늘 닫고

품다가
품어다가

네 얼굴 열고
네 눈동자 열고
흠난 네 살에
묻어주고
눈동자 닫고 얼굴 닫고

가끔 손만 넣어서 쓱 만져도 주고

제2부

파랑

엄마 없는 소년이 파도에 휩쓸렸다
바다 깊은 곳에서 숨을 잃었다
시신은 파랑을 따라 흘러갔다가 돌아왔다
엄마를 만나고 것처럼
몸에는 물기가 가득했다

가만 나무를 흔들어보네

기다리지 않는다
나무가 흔들리면 거기에 있다

나뭇잎이 그대가 다녀간 길처럼 흔들린다
보이지 않는 것을 바라보며 걷는다
소리로도 그대는 거기에 있다
귀를 키워서 소리를 열어본다
보이지 않는 소리를 생각하며 걷는다

마음이 변해서
걸어간 길을 돌아와
나무 앞에 서 있다

그대는 뒷모습이 없어 우울하다

그대가 떠나가고
떠나온 자리에
자주 흔들리는 나무가 한 주 서 있다

>

나무가 흔들리면 거기에 있다

지나간 길마다 남아 있는 발자국들

그대보다 뒷모습이 많은 나는
가만, 나무를 흔들어보네

바다를 모르는 사람과 바다에 갔다

바다를 들은 적 없는 사람과
바다에 갔다

혼자서 갔을 때처럼
여전히,
바다는 파랬고
수평선은 멀었고
발밑의 모래는 예뻤다

바다를 들은 적 없는 사람과 바다에 갔을 때
바다는 소리를 끄고
바람은 발자국 없이 지나가고
조개는 밟힐수록 입을 닫았다

다만
파도가
미안해하면서
헤엄쳐 와서

눈이 시린 모래에다
하얀 이불 한 장 덮어주고 갔다

갈매기는 저린 한쪽 날개를 활짝 폈다

술병

남자의 입은 오목했다

그의 입술은 달고
때로는 썼다

입술을 낯선 잔들에 맞출 때
남자는 매우 고독해져서
목젖 굴곡을 따라
기포 같은 것이
흘러내리고는 했다

잔이 채워질수록
속내는 훤해졌다
가벼운 고백이나
작위적인 사투를 벌이며
통명스럽게 빈속을 긁어내렸다

말쑥한 병은

넥타이를 맨 채로 꾸벅이며
식은 후

지병처럼 무겁고
출렁거리는 내면이
입술을 통과해 사라진 뒤에야
온전히 바람을 담고
빈 몸을 일으켜
맑게 울 수 있게 되었다

목련 꽃잎

목련 꽃잎
사복 사복
눈처럼 쌓이던 밤

주정꾼 사내 뒷산에 묻고
이웃집 새댁은 젊어 재가를 했다

사복 사복
목련 꽃잎 함박눈처럼 지던 그 밤

그리고
두 여자아이는
찬 이불 속에서
짐승 같은 발자국 소리 들으며
가여운 숨을 나누었다

다시 가여운 봄
빈 지붕 툭툭,

목련 꽃잎 소리만 채우고

곱던 그 집
아득히 흩어져
마을엔 소문만이 무성해졌다

함박눈 1

아가야 내 잠을 다 가져가
아가야 내 슬픈 꿈을 꾸어주렴
나는 너를 안고
세상 오고 가는 함박눈을 다 만나 두련다

아가야, 눈도 입도 귀도 작은 아가야
오늘밤은 내 잠을 다 가져가
캄캄한 목이 눈 오듯 메어도
마른 발꿈치를 따라나서는 저 눈의 발자국을
다 보아 두련다

아가야 슬픈 아가야
잠자는 슬픈 아가야
내 품에 잠든 아가야
내 잠을 다 가져간 아가야
대신 꿈꾸어 주련
가련한 함박눈 대신
소리 먹은 울음 대신

어두울 때 빛나는 저 흰빛처럼
소리를 품는 함박눈처럼

세상에는
빛을 잃은
달무리 지고,

아가야
울음 대신
꿈꾸어 주련
내 잠을 다 가져가 주련

함박눈 2

시내 번화가 산부인과 앞
나앉은 작은 여인이
곧 올 봄날처럼
녹아내리고 있더군

누가 그녀를 세상에 빚어놓고 달아났는지 몰라도
무정하게 발자국만 우수수하더군

여인은 앉아서
일그러진 표정을 가다듬으며
햇살을 다 받아내고 있더군
얼굴이 사라지는 줄도 모르고
눈코입이 없는 사람처럼
하는 수 없이

가시연

치맛자락 들추는 손이 네 손이냐
뭇 사내의 연정이냐
바람도 없는데
흔들리는 입술 끝에
무슨 정은 묻어서
그리 발갛게 웃음을 흘려보는 것이냐

다문 치맛자락 열어 보일 때는
가시처럼 자기를 피워놓아라

사내가 가고 수음도 끊어지면
물 가까이 자리를 펴
요염이 허리를 비틀고 앉아

첫정 뺏고 도망가는 것
잡으려는 투구를 쓰고 독하게 날 세우라
독을 품고 아름다워져라

부처를 만나다

직지사에 다녀왔습니다

직지사 대웅전 가는 길
커다란 참나무 앞에서
그 나무같이 우뚝 서고 말았습니다

수많은 발
땅속 깊이 내리고
땅 위 경건히 올라선 부처

얼마나 오랫동안
땅속 깊은 곳에 뿌리들을 내리고 이곳을 지켰을까요

나는 갑자기 땅속 깊이 묻힌 그들이 부러워졌습니다
저 바닥이, 수많은 몸뚱어리들이 부러워졌습니다

두 손 모으고
발길을 돌립니다

대웅전에 닿지 않았으나

이미

부처를 만나고 오는 길이었습니다

고래의 바다

숨을 모으고 심해에 닿는다

내 고향은 수평선
태양과 정수리가 일직선을 이루고
파도가 어둠처럼 사라지는 그곳에
짠 기억들이 흩어져 있다

언제이던가
피워 올린 심해의 분수들
흩어져 다시 짠 바다로 돌아오던
분명한 경계 위, 육지

젖 먹던 힘을 다해야
비로소 그 기억의 잔해들을 마주할 수 있다

오래전 하류로 달려간 조상의 피
그 하류 깊은 곳 억겁의 진화를 거듭하여
나를 완성시켰으나

땅의 태생을 가지고
모래에 닿을 수 없는 거대한 몸이여

숨을 모으고
한계를 마주하기 위해
나의 꼬리는
퇴화된 지느러미에 물결을 새기며
비석처럼
바다를 가를 것이다

그녀의 비밀을 알고 있다

그녀는 쭈그리고 앉아 생선 배를 갈랐다 그즈음 삽짝 거름밭에 동백도 피를 토하며 쓰러졌다

아궁이 한편을 지키던 소가 집을 떠난 지 몇 해, 사랑채는 이제 생선 속처럼 비어 있다 붉게 장작이 튀던 아궁이도 소가 사라지면서 시커멓게 갈라져 있다

아궁이도 사랑채도 엄마도, 텅 비면서 집은 캄캄해졌다
나는 곁에서 사라진 어미 소처럼 큰 눈을 껌뻑거렸다

쭈그린 그녀의 가랑이 아래로 붉은 길이 열릴 때마다 생선은 당황했다 끊어질 듯 끊어지지 않는 붉은 행렬을 내려다보면서 결심한 듯 입을 벌렸다

퀭한 입속이
빼끔 빼끔
말들을 꺼내려 한다

>

쉿, 생선

너와 나만이 그녀의 비밀을 알고 있다

독법

아침마다 혼자인
할머니 한 분
골목 길가에 서서
귀퉁이 집을 낸
양귀비 한 편씩 읽고 계셨다

귀가 무거워지면
안개 짙은 호수에 나가
근처 양귀비 밭에서 날아온 한 분
안갯속에 사분사분 젖어드는 것을 보는데

외려,
몸 맑은 그분
이마 짚은 나를 읽고 계시네

터널

당신 속에는 캄캄한 말
긴 어둠
밝혀주고 싶어 손 뻗었다가
천천히 손을 거두네

막힌 벽이 어둠을 키우고 있네
손 하나 들어갈 틈 없네

방향을 모르고 들어온 경적 소리
먼저 터널을 빠져 나가네

터널 끝에서는 빛보다 먼저 막힌 귀를 뚫고
서서히 눈을 떠야겠네

두고 온 것이 많아서
터널은 더 캄캄해지겠네

등

누워, 할머니의 등을 본다
마른 옛날
오목이 구부린 등의 과거가 궁금해진다

분명한 것은
껍질의 기억을 과감히 지웠다는 것

심호흡하며 주름들이 일제히 펴졌다 모아진다

언제부터인가
애벌레는 주름을 하나둘씩 늘려 왔는데
꿈꾸던 나비보다는 더 우아한 무엇이
속에 꿈틀거리고 있는 것 같다

한 뼘 어깨를 가만히 쓸어보다
주름들 사이를 오고 간
척척한 나무들의 뿌리나
순하디순한 송아지의 귀나

새벽 아궁이의 뽀얀 연기나
촘촘히 어려서 어쩌다
구부린 등이 되었는지 그 내력을 알 길 없다

그러나 애벌레는 안다
주름 사이에 물이 빠지고
탈피가 간절해지는 시간이 오면
마침내 나비가 되어
화석 같은 지문들을 과감히 지울 것이다

유연한 애벌레가 알에게 그랬듯
태어나기 위해
등은 다시 심호흡을 한다

대륙에서 온 청년

대륙에서 온 청년은 늘 같은 옷을 입고 학교에 왔다
빈 주머니에 손을 넣고 다녔다
점심으로 무얼 먹었느냐고 물으면
발음을 조심해 가면서 천천히 말했다
이천오백 원 학생식당이라고
해야 할 일을 미룬 적 없는 그가
사소한 실수를 할 때에는
얼굴이 심하게 붉어졌다

아르바이트를 시작한 후로
자주 졸고 자주 늦었다
수입산 소고기집에서 새까맣게 탄 불판을 닦고 있었다
주방 바닥에 쪼그리고 앉아
늘 입는 회색 점퍼를 걷어붙이고 있었다
마른 팔이 더 희어 보였다
나를 보며 깨끗해진 불판처럼 웃었다

나는 의자에 앉아서 추운 창밖을 지나가는 사람들을 바라

보았다
　오랫동안 붉어졌다 꺼지는 숲을 바라보았다

　붉게 물든 얼굴을 만지며
　오랫동안
　고기 먹고사는 인간들 사이에 앉아 있었다

화장(火葬)

아궁이 앞에 쪼그리고 앉아 숯을 본다
타다 남은 나이테를
끈질기게 붙잡고 있는 불긋한 숲

뒷산에서 태어나
바람에 물기는 내주고
사람 손에 이끌려 내려온 그 나무다

쪼그라들 대로 쪼그라져
숨 쉬듯 이따금 붉어지는 나무

굴뚝 연기가 마르면 숯은
바스러져 돌아갈 것이다
살도 불빛도 없이
남은 온기를 삼키고 주저앉아 버릴 것이다

오래 붉었던 몸이
바삭바삭 소리를 내는 줄 모르고

흔들리는 산

앞산이 자리를 고쳐 앉을 때가 있다 새가
울지 말래도 울지 말래도
자지러지게 우는
초가을 밤이 그렇다

늙은이의 틀니처럼 산에는 빈틈이 생긴다

이 빠지듯 흔들리는 산

간신히 버티고 있는 집 기둥 하나가
설핏 잠드는 사이
산이 다리를 옮기며
밤늦도록 새들을 재운다

초저녁 잠깬 산비둘기 메아리
흔들리며 답하는 농가

건봉사 부도밭

불이문도 들기 전에 부도밭에 서 버렸네 한참

부도는 잘 모르겠고
하얀 눈밭에 서 있으니 좋데
인연도 기척도 없이, 가운데
새까만 벚나무 한 그루
팔을 한껏 펼쳐서 어서 와, 어서 와 하는 것처럼

새 한 마리 날아와 가지 위에
머리를 바짝 수그리고
갓 싹을 얻는 몽우리를 쪼더라고 그 겨울에
그때부터 부도도 나무도 안 보이고
나도 무언가 구할 게 있을까 하고 가까이 갔는데

이 쪼그만 새가
나를 쓱 보더니 겁도 먹지 않고
꼿꼿이 머리를 세운 뒤에,

>

"넌 멀었다"

그러데

멀었다고

쌍둥이 무덤

손잡고 눕고픈 이 생기거든
집 뒤 무덤 많은 봉에 올라
쌍둥이 무덤을 내려다봐요
사랑하여 말간 얼굴 맞붙은
하늘 아래 두 손 맞잡고 누운 표정
내려다봐요
땅 아래 맑은 물은 흘러
서로 얼굴 씻고 누운 표정 들여다봐요

손 놓고픈 이가 생기면
그래도 봉에 올라 쌍둥이 무덤을 봐요
오다가 등 돌린
미운 얼굴 하나가
미안해서 씻은 얼굴 쑥스럽게 뜨고
땅 아래 맑은 물은 흐르고 또 흘러
어디 먼 산에 뜬 봉분 하나
뻗어 잡을 손 있는지 누가 알아요

긴 오후

흙탕물도 비스듬히 보면
맑은 구름이 비친다
그 안에
열심인 듯 흙물을 솎아내는 누군가

엄마도
아빠도
죽은 사람 아픈 사람도

그 속에 들어가
한 가계의 흙 앙금이 서서히 가라앉는 것을 본다

상여

당신 넘어가는 그 길에
칡뿌리 참 질기게도 뻗었습니다

노랗고 빨갛고 파랗고 하얀 당신이
땅속에 뿌리내리며 갑니다

쓸쓸히
선선히
당신처럼 당신이 갑니다

낫으로 당신을 쳐내지만
나는 당신의 뚝 뚝 떨어진 살점
도로 주우며

당신 머리채같이 고운 무덤가
억새는 피지 말라
주워온 살점들로 덮습니다

얼굴

어두운 곳에서만 환해지는
별을 바라보듯

갈대숲 길가에 멈추어 서서
개울물 가는 소리 듣듯

뻐꾸기 날아간 곳에
희미하게 귀를 세우듯

마음 들었다 놓았다
들었다 놓았다

비 오기 전에
바람 먼저 다녀가듯

나를 보아주세요

그대 오신다기에 꽃잎 활짝 펼칩니다

그녀의 손금

다섯 살 손녀 손을 펴고
막 잡힌 손금을 내려다보더니
갈라진 오십 줄 손금을 옆으로 대신다

가로에서 가로로
세로에서 세로로
손바닥에 금을 그어 보신다

닮은 구석이 사주팔자의 획처럼 손에서 그어졌다

눈물이 짰던 날과
설운 이밥 몇 그릇과
숱한 멀미,
덜컥 숨이 내려앉는데

태연히 일어나 묵은 이불을 턱턱 개신다

이불을 개면서

먼지처럼 손금은 새로 생겨나고
보태어 굵어진 내 손금도 첩첩 개어보는 중이다

감자밭

성성이 감자꽃 필 때
여름 오는 사이사이
성글게 돌아다니는 이 누굴까

예로부터 감자밭은
모든 썩은 것들의 무덤이어서
그 산 것들 속에는 뼈보다 더 단단한
무엇이 심어져 자란다고 하였는데

누구였을까
야무지게 영글어 구수한 거름으로 태어나는
감자 꽃피우는 사이
맴도는 실한 영혼들은

어디 바람 불어오는 데서
썩은 냄새 묻어날 때
이랑 사이 살펴내는
살뜰한 봉분들이 하얗게 웃는다

푸른 물

닭이 울었다

막막한 대낮
오늘은 여기까지만 사랑하자
울음은 그치고

돌계단을 다 오르고 나면
울음보다 높은 끝에는
매미처럼 막힌 목을 틔우는
도라지꽃

언덕 위에는 숨 가쁘게 솟아 있는
낮달

까만 배

배가 하나 떠 있습니다

까만 밤하늘이 캄캄한 바다 같다고 생각해요
그럼 아이들이 유영하는 상상을 할 수 있죠

심해는 어둡고 고요해요
어떤 소리도 들을 수 없죠
까만 배는 더욱 가라앉았습니다

캄캄한 곳에는 까만 배가
별자리처럼 떠 있을 거예요
걱정 마세요 태양이 뜨면
아이들은 집을 찾아 돌아올 거예요
태양 마차가 밝은 길을 안내할 겁니다

유성이 떨어지는 순간에는
물살이 세졌다고 생각할게요
어른들처럼

그때는 별들도 제자리를 찾아 돌아오겠죠

하지만 뉘우치기에는 이른 시간입니다

지금은 빛이 없는 긴 여행을 하고 있어요
아이들은 더 깊은 곳으로 내려갑니다
눈을 감고 손을 잡고 긴 은하수를 따라서
캄캄한 밤하늘, 유일하게 반짝이는 별을 좇아서
우주를 떠돌고 있어요
누구도 여행을 방해하지 못합니다

뉘우치기에는 아직도 너무 이른 시간이에요

별섬

1

물 마른 대지 가운데
별섬
낮게도 떠서
낮에도 밤에도 반짝이는
별섬

이제는 꿈을 꾸어도 닿지 못하는
별섬
별의 섬

2

잠깬 밤
달빛 별빛 환한 마당에 나와
오줌 누는데
눈을 동그랗게 뜨고
내려다보는 달

어릴 적 우리 할매처럼
물이 고이는 소리를 들어주고 있다

3

새벽 오는 마당에

안개 쓰시는 소리
하우스에 앉아 땅콩 까시는 소리

누군가 깨우러 올 때까지
누워 듣는 별섬

당산(堂山)

안개가 가득 차오르면
물은 먼 데로 흘러
달이 뿌옇게 뜬다

성근 별이 하나둘 잠 깨고 돌아가는 마을 앞산에는
어린 손을 앞세워 송이를 훔치는 늙은이가 있다

병든 이의 이마가 젖고
주름진 눈가에 이슬이 앉으면

마을에는
배를 쓸어주는 푸른 달이
슬그머니 새벽 앞산으로만 사라진다고 했다

귀로

잠 속에서 만난 할매는 귀도 입도 없이
선한 눈을 뜨고서 말을 건네려고
소처럼 큰 눈에 자꾸 자꾸 떨어지는 눈곱을 붙이고 있었다

구슬 세 개를 들고 뒤를 돌아보지 않는 아이
여우가 달려들 때마다 구슬을 하나씩 던졌다
가시덤불을 헤치고
돌아가려 하던 곳은
늙은이만 다정하게 말 걸어주던 집

아이가 마당으로 뛰어든다

낮아진 눈꺼풀 아래서
소리도 없이 울다가
눈을 뜨고 오래도록 누워 있었다

폭설

창 너머 산중에
소나무 무게를 견디는 소리
산을 내려와
고요가 방 안에 쌓인다

먼 곳에서는 외딴 방

창호지 끝이 서늘하도록
내려와 앉는
산짐승 울음
방 안에서는
흰 뼈들도 뚝뚝,
고요를 견디느라 분주하겠다

흰 소나무들 무게를 견디는 내내
귓가에 익숙한 살 내음이 쌓인다

날개 젖은 새, 가지를 툭 털자

타관 낯선 행적들이
후두두 쏟아진다

요란한 고요가 내린 뒤

흐린 먼 곳의 안부를 고르는
이방인의 귀가 밝다

안개

안개 지나오고 보니
잡힐 듯 잡히지 않는 저 안개도
내 것은 아니었어라

그대 지나오고
내민 손 덥석덥석 잡아온 나도
안개 같은 사람이었구나

살아서 놓자
놓아버리자

공중에 흩어져
길을 막아선 안개여

나를 통과해 간 그대여

해설

자연과 사랑이 빚은 '별섬'에 가고 싶다

이홍섭(시인)

시가 이전 시대에 지녔던 지위와 위상을 회복하지 못하는 데에는 자연과의 격절, 진정성의 결여 등이 크게 작용했다. 급속한 도시화에 따른 자연과의 격절은 시의 무미건조함을 불러왔고, 산문에 대한 지나친 경도와 비평의 부실은 시적 감동을 증폭시키는 에너지원인 진정성의 결여를 가져왔다. 그 결과, 시와 시인은 나침반을 잃어버린 채 독자들로부터 점점 더 멀어지는 존재가 되어버렸다.

그러나 깊이 참구해보면, 앞에서 꼽은 두 가지 원인은 문단이 스스로 만들어낸 허상이거나 자폭이 아닐까 하는 질문에 닿게 된다. 급속한 도시화 속에서도 시인은 늘 자연으로의 회귀와 합일을 꿈꾸었고, 시의 형식과 내용을 지배하는 진정성에 대한 질문을 거듭해왔기 때문이다. 다만 그동안 평단에서 이러한 질문들을 회피해왔거나, 우선순위에 두지 않았기 때문에 결과적으로 독자들과의 괴리를 불러온 것이 아닐까 하는 의구심이 든다.

신효순의 첫 시집을 읽으면 이러한 질문과 의구심이 헛된 것이었음을 확연히 깨닫게 될 것이다. 그의 시들은 자연과 일체가 되었던 경험에서 우러나오는 지순함과 풍요로움이 곳곳에 스며들어 있고, 연시(戀詩)의 형식을 통해 팽팽하게 전해지는 진정성이 시의 힘을 견인해내고 있기 때문이다.

낙동강 맑은 귀 동쪽 끝
뿔 차고 흐르는 산이 있다

해마다 돌아눕는 소 허리 참에
서늘한 아침이
치열한 투우(鬪牛)처럼 온다

몇백 년 더불어
온몸을 내어놓는 소

소는 밭이 되고
농부가 되고
다시 산이 된다

붉은 해 서산에 걸고
뿔 그림자 마을에 내리는 동안
순한 걸음 뒤에 굳건해지는 푸른 발굽

비옥한 땅 내어놓으며 돌아눕는 소 한 마리 있다

—「황우산(黃牛山)」 전문

시인이 나고 자란 고향의 산을 그리고 있는 이 시는, 시인의 감성을 이루는 원류와 앞으로 펼쳐질 잠재력을 잘 보여준다. 이 시에서 산은 시간과 공간, 그리고 인간과 자연을 다 품고 있다. 시인은 이러한 시공간과 인간, 그리고 자연을 한꺼번에 꿰뚫으면서 치열하고, 순하고, 굳건해지는 인간과 자연의 순환과 맥박을 읽어내고 있다. 이 시는 산을 품지 않으면, 자연과 일체가 된 경험이 없으면 결코 나올 수 없는 작품이다. 아마도 시인이 그려낸, 산이 소가 되고 소가 산이 되는 진경(眞境)은 그를 시인으로 밀어올린 힘이 되었을 것이다. 이 진경이 만든 같은 소재의 작품 하나를 더 감상해보자.

앞산이 자리를 고쳐 앉을 때가 있다 새가
울지 말래도 울지 말래도
자지러지게 우는
초가을 밤이 그렇다

늙은이의 틀니처럼 산에는 빈틈이 생긴다

이 빠지듯 흔들리는 산

간신히 버티고 있는 집 기둥 하나가
설핏 잠드는 사이
산이 다리를 옮기며
밤늦도록 새들을 재운다

초저녁 잠깬 산비둘기 메아리
흔들리며 답하는 농가

—「흔들리는 산」 전문

앞의 시 「황우산(黃牛山)」이 큰 붓으로 그린 한 폭의 추상화에 가깝다면, 이 작품은 세필로 그린 구상화에 근접한다. 이 시에서 자연과 인간은 초가을 밤의 서정을 같이 호흡하면서 마치 이웃집처럼 서로 호응한다. 시인은 자연과 인간 사이의 기와 혈을 너무나 자연스럽게 뚫어주고 있다. 이 또한 시인의 기와 혈이 자연을 휘감아 돈 경험이 없으면 결코 나올 수 없는 경지라 할 수 있다.

첫 시집은 시인이 앞으로 펼쳐나갈 시의 지평을 가늠하게 해준다. 그런 면에서 위의 두 편의 시는, 시인이 앞으로 자연과의 교감, 자연과의 호흡을 통해 우리 시가 잃어버린 것들을 환기시켜주고, 그 지순함과 풍요로움의 참맛을 느끼게 해 줄 것이라는 기대를 갖게 한다.

자연과의 동화와 더불어 이번 시집에서 두드러지는 또 하나의 정서는 할머니와의 교감에서 우러나오는 선험적 세계 인식으로부터 생겨난다.

> 다섯 살 손녀 손을 펴고
> 막 잡힌 손금을 내려다보더니
> 갈라진 오십 줄 손금을 옆으로 대신다
>
> …(중략)…
>
> 닮은 구석이 사주팔자의 획처럼 손에서 그어졌다
>
> 눈물이 짰던 날과
> 설운 이밥 몇 그릇과
> 숱한 멀미,
> 덜컥 숨이 내려앉는데
>
> 태연히 일어나 묵은 이불을 턱턱 개신다
>
> 이불을 개면서
> 먼지처럼 손금은 새로 생겨나고

보태어 굵어진 내 손금도 첩첩 개어보는 중이다

—「그녀의 손금」 부분

누워, 할머니의 등을 본다
마른 옛날
오목이 구부린 등의 과거가 궁금해진다

…(중략)…

한 뼘 어깨를 가만히 쓸어보다
주름들 사이를 오고 간
척척한 나무들의 뿌리나
순하디순한 송아지의 귀나
새벽 아궁이의 뽀얀 연기나
촘촘히 어려서 어쩌다
구부린 등이 되었는지 그 내력을 알 길 없다

…(중략)…

유연한 애벌레가 알에게 그랬듯
태어나기 위해
등은 다시 심호흡을 한다

—「등」 부분

위의 두 편의 시에서 시인은 할머니의 '손금'과 '등'을 통해 세계를 선험적으로 인식한다. 시간을 가로지르는 이러한 선험적 세계인식은 시인의 사유를 폭넓게 확장시키고, 시공간을 걸림 없이 운용할 수 있는 힘의 원천이 된다. 「그녀의 손금」이 집안의 내력과 운명에 대한 고찰을 담고 있다면, 「등」은 이보다 확장된, 삶에 대한 이해와 통찰로 나아가고 있다. 시집 곳곳에 등장하는 '뿌리'에 대한 갈망은 할머니를 통해 전수된 이러한 선험적 세계인식이 가져온 삶과 세계에 대한 이해와 통찰의 결과물이라 할 수 있다.

할머니와의 교감과 소통은 감각을 드러내는 방식에서도 개성을 보인다. 앞의 시들의 소재가 된 '손금'과 '등'은 원초적 교감의 감각이라 할 수 있는 촉각을 바탕으로 하고 있다. 시인의 감각이 이 촉각을 기반으로 하여 여러 다른 감각으로 확산되어 갈 때 시의 이미지와 비유들은 한층 더 지순해진다. 반면에 시인이 세상과의 고립과 불안을 노래할 때 촉각은 뒤로 물러나고 대신 그 자리에 '소리'에 예민해지는 청각이 들어선다. 「빈 배」에서 "배들은 서로 몸을 밀며/텅 텅 부딪치고/소리들은 허공을 돌다/빈 곳에 가라앉는다"라고 노래하는 것 등이 대표적이다. '소리'는 여러 편의 시에서 '바람'과 등치되어 나타나는데 이는 낯선 외부세계와의 고립과 단절로부터 오는 불안과 연관을 맺고 있다.

아래의 시는 할머니와의 교감을 통한 선험적 세계인식과

원초적 감각의 발현이 연시로 나아갈 때 어떤 방식으로 전개되는지를 잘 보여준다.

할머니는 그렇게 가끔 귤을 찾으셨습니다

오래 어떤 사람을 생각하는 것이
달고 시고 말랑한 것이 되었을 때

입에 귤 알 하나 넣어주고 싶은 저녁이 올 때

체한 듯 누운 자리에서 일어나
창을 깨우고 지나가는 매서운 바람을 들었습니다

할아버지가 어떤 날에 떠나버리셨는지
귤을 까먹으며 알았습니다

—「귤 알의 맛」 부분

시인은 할머니가 체했을 때 찾는 귤의 "달고 시고 말랑한 것"의 감각을 환기하면서 할머니가 간직했던 사랑과 이별, 그리고 그리움을 실시간으로 체감한다. 환기와 환치의 방식으로 이루어지는 이러한 세계는 그의 시에 서사적 힘을 불어넣으며 동시에 풍요로운 감각이 발현된 서정적 깊이를 더해준다.

여러 편의 시들로 추정해 보건데, 시인은 어릴 때 할머니와 함께 있었던 시간이 많았던 것으로 보인다. 시인은 세상살이의 고단과 외로움을 노래할 때면 "마당으로 뛰어"드는 아이가 되어 "늙은이만 다정하게 말 걸어주던 집"으로 돌아간다. 시인은 그 집에서 "낮아진 눈꺼풀 아래서/소리도 없이 울다가/눈을 뜨고 오래도록 누워"(「귀로」) 있다. 시인은 이 회귀의 길을 '귀로'라고 명명함으로써, 자신의 정서와 정체성이 어디에서 형성되었는지를 분명히 하고 있다.

이번 시집의 또 다른 한 축이자 시집의 앞부분에 전면화되어 있는 연시들은 시인의 특장을 유감없이 보여준다. 시인은 때로는 지순하게, 때로는 격렬하게 사랑의 여러 면모들을 노래한다. 「매미」, 「그대 부디 오작교를 건너요」, 「간격」 등의 작품들이 사랑의 현재, 사랑의 뜨거움으로 가득 차 있다면, 「가을별」, 「흰 밥」 등의 작품들은 순정한 목소리로 이별의 아픔과 그 치유의 과정을 드러내고 있다.

사랑을 하면,
한여름 열기만큼은 아니어도
한철 절절한 마음에 가 부딪는
벌거숭이 울음 같아야,
제 직성대로 싸지르는 매미 울음 같아야

여름 내 굳어진

살 벗는 나무들
그 귓전에 도는 맴맴 소리

—「매미」 부분

곁에 집을 얻어 오래 살갑던 사람이
먼 곳으로 이사한 처음 날 밤에
수화기 저편에서 물기 섞인 목소리를 보내왔습니다

…(중략)…

어떤 저녁마다 몸 안에 물기가 차면
부엌에 가 숟가락을 고르며
그릇들 부딪는 소리도 듣다가
흰 밥을 그릇에 담아 먹기 시작합니다
조용히 먹기 시작합니다

—「흰 밥」 부분

시 「매미」처럼 사랑의 현재, 사랑의 뜨거움으로 가득 찬 시들은 가뿐 리듬과 호흡을 통해 표출되고 있으며, 「흰 밥」처럼 이별의 아픔과 치유의 과정을 그린 시들은 지순한 리듬과 호흡으로 전개되고 있다. 하지만 이번 시집에 담긴 연시의 면모는 특정하기 어려울 정도로 그 보폭이 넓고 진폭이 크다. 그 진폭은 "벚나무에 혈이 돌 때/가장 먼저 할 일은/손톱들을 깎아 주는 것/그래야 봄은 다치지 않고 와"(「봄을 할퀴다」)에서부터 "땅 아래 손짓하는 아득한 인연/다아 버리고/은빛 물결이 되어/꿈길 걸어가도//그대여 우리들의 오작교가 사라지기 전에"(「그대 부디 오작교를 건너요」)까지 이어진다.

그러나 중요한 것은 사랑의 여러 면모들을 담아내는 시인의 목소리가 지금, 이 순간의 느낌을 솔직하게 노래하고 있어 시 장르가 담보하고 있는 고유하고, 전면적인 진정성을 잘 느끼게 해준다는 점에 있다.

세상에 없는 말을 해주세요
그럼 나는 둥글어져서
겁먹은 자벌레처럼 꼼짝하지 않을 거예요

어느 날 새벽에는 아스팔트 위로 내려온
고라니를 만났죠
자욱한 안개를 물고 떠밀려와 있었어요
눈이 마주치자 겁을 먹고 도망치더군요
막다른 인도 위에서 우왕좌왕하는 당신 같았죠

우리가 그렇죠
당신을 핥다 지친 나와
고개 숙인 채 앞발로 땅만 파다 돌아가는 당신

내게 오는 길은 고라니가
그 새벽에 밟아 내려왔던 길과 같았겠죠
왔던 길이 어디인지
아스팔트 위로 뛰어들지도
산으로 돌아가지도 못하는 고라니였죠
아픈 고라니였죠

세상에 없는 말을 해주세요
그럼 나는 아주 둥글어져서
세상에는 없는 방에 들어가
길 잃은 고라니처럼
숨 가쁜,
사랑을 줄게요
영영 없는 길 내려올 때는
잊고 또 잊고 잊으면서 오세요
당신 발을 핥는 고라니 한 마리
숨 가쁜 사랑을 줄게요

—「세상에 없는 방」 전문

이 시는 시인의 진정성, 시의 진정성이 빚어낸 '세상에 없는 방'이다. 사랑의 뜨거움 속에 "세상에 없는 말"을 원하는 시인의 갈구는 이 세상 모든 사랑의 정점이자, 연시가 꿈꾸는 정점이기도 하다. 그 정점을 이처럼 절절하게 노래하는 시는 쉽게 찾아보기 어렵다.

신효순 시인은 이번 첫 시집을 통해 자연과 사랑을 '보물상자'(「보물상자」)처럼 자유롭게 열고 닫으며, 그만의 '별섬'(「별섬」)을 만들어냄으로써 지금 우리 시대가 안고 있는 자연과의 격절, 진정성의 결여 등을 극복할 수 있는 힘을 보여주었다. 그의 시를 읽으면 "누군가 깨우러 올 때까지/누워 듣는 별섬"에 가고 싶어진다.

이 도서의 국립중앙도서관 출판시도서목록(CIP)은 서지정보유통지원시스템 홈페이지(http://seoji.nl.go.kr)와 국가자료공동목록시스템(http://www.nl.go.kr/kolisnet)에서 이용하실 수 있습니다.(CIP제어번호: CIP2017007873)

시인동네 시인선 073

바다를 모르는 사람과 바다에 갔다

초판 1쇄 인쇄 2017년 3월 23일
초판 1쇄 발행 2017년 3월 30일
지은이 신효순
펴낸이 고영
책임편집 서윤후
디자인 헤이존
펴낸곳 문학의전당
출판등록 제2017-000002호
주소 서울시 마포구 마포대로 11길 91, 3층
전화 02-852-1977 팩스 02-852-1978
전자우편 sbpoem@naver.com

ISBN 979-11-5896-312-5 03810

* 이 시집은 강원도, 강원문화재단 후원으로 발간되었습니다.